QVEST

BILDBAND ARCHITEKTUR

KÖLN

DAS GESICHT EINER STADT

Jo Fober (*1964) ist Architektur- und Modefotograf sowie Hasselblad-Masters-Finalist. Er lebt und arbeitet in Köln.

Nach seinen fotografischen Arbeiten für verschiedene QVEST-Metropolen-Ausgaben, wie zum Beispiel Paris und New York, wurde mit der QVEST-Köln-Ausgabe die Idee geboren, ein umfassenderes Buchprojekt zum aktuellen Gesicht der Stadt zu entwickeln.

Fobers Architektur- und Landschaftsaufnahmen sind nach dem NoBleach-Prinzip der analogen Entwicklungsmethode digital umgesetzt. Das Ergebnis sind Farbreduzierung und intensive Kontraste. Während Bernd und Hilla Becher, von denen und deren Schülern Fober beeinflusst ist, ihre Arbeiten der frontalen Fotografie von Industrieanlagen widmen, hat Fober ähnlich präzise Bauwerke seiner Heimatstadt im Bild festgehalten. Die systematisch frontale und zentrale Ansicht verleiht den Aufnahmen eine dokumentarische Dimension.

Die Arbeiten des Kölner Fotografen entstehen ausschließlich unter Nutzung von natürlichem Licht, das selbst ein integraler Bestandteil der Architektur ist. Auf diese Weise soll die Seele der abgebildeten Innen- und Außenräume eingefangen werden.

QVEST

BILDBAND ARCHITEKTUR

KÖLN

DAS GESICHT EINER STADT

Herausgeber und Konzeption: Michael Kaune

Fotografien des Kölner Stadtbildes:

JO FOBER

J.P. BACHEM VERLAG

Bibliografische Information der Deutschen Nationalbibliothek
Die Deutsche Nationalbibliothek verzeichnet diese Publikation in der Deutschen Nationalbibliografie; detaillierte bibliografische Daten sind im Internet über https://portal.dnb.de abrufbar.

Alle Fotografien stammen von Jo Fober.
Kontakt für den Ankauf signierter, limitierter Originalprints:
mk@kaunegallery.com
Kaune Contemporary Gallery
Gereonskloster 12, 50670 Köln

2. erweiterte Auflage 2022

Herausgeber: Michael Kaune
Lektorat: Christina Schupetta
Kartengestaltung: Cindy Kinze
Druck und Bindung: Belvédère Art Books, Niederlande
ISBN: 978-3-7616-3452-3

Aktuelle Programminformationen finden Sie unter
www.bachem.de

Gestaltung und Layout:
Creative Direction / Bildredaktion:
Michael Kaune
QVEST the room

Art Direction:
Lutz Golm / Philip Thater
Posnik, Spohr GmbH
Svenja Klein

Texte:
Michael Kaune / Dr. Patrick Krause

MIX
Papier aus verantwortungsvollen Quellen
FSC® C016391

Kölner Bauwerke entdecken
Erkunden Sie die vorgestellten Gebäude vor Ort und lassen sich von der kostenlosen App zum Zielpunkt navigieren. Durch Scannen des nebenstehenden QR-Codes können Sie überall mobil Informationen zu den Bauwerken abrufen. Zugleich bietet die App den Service eines Reiseführers: Egal ob zu Fuß, per Fahrrad, mit dem Auto oder mit dem Öffentlichen Nahverkehr – von Ihrem Standort werden Sie direkt zu den Bauten geführt.

Germany's most underrated City“ – so titulierte die „New York Times“ die Stadt am Rhein, die, ohne viel Aufsehen zu erregen, zum internationalen Geheimtipp geworden ist. Das liegt in großen Teilen an der besonders offenen und nach Nähe suchenden Mentalität der Kölner, aber sicherlich auch am neuen, aktuellen Stadtbild. Dieses ist vielleicht nicht einfach zu überblicken, aber es garantiert einen außergewöhnlichen, abwechslungsreichen Spannungsbogen urbaner Stadtentwicklung über einen Zeitraum von mehr als 2.000 Jahren.

In den 1970er- und 1980er-Jahren in Köln aufgewachsen, durfte ich einen bis heute insgesamt recht spannenden Teil der baulichen Entwicklung miterleben, durchaus mit gemischten Gefühlen. So etwa, dass erst ab 1982 der Denkmalschutz in Köln langsam aktiv wurde und bis dahin viele erhaltenswerte Gebäude einigen visuell undankbaren Zweckbauten weichen mussten. Oder dass eine ungeheure Vielzahl vom Krieg verursachter Baulücken, von den Stadtbewohnern gerne als große Parkplätze genutzt, mit oftmals allzu praktischen Neubauten geschlossen wurden. Aber es sind auch viele positive Veränderungen in jüngerer Zeit zu beobachten, wie etwa die aufwendige Sanierung von nach dem Krieg entstandenen 1950er- und 1960er-Jahre-Repräsentationsbauten, Revitalisierungen von Gebäuden, spannende Nutzungsumwidmungen und neue Projekte großer internationaler Architekten.

Es gibt eine Vielzahl von Bildbänden über Köln, etwa aus den Perspektiven der großen Lichtbildner der Stadt wie August Sander, Karl Hugo Schmölz und Chargesheimer, oder solche mit gesammelten Aufnahmen verschiedener Fotografen, die sich nahezu ausschließlich mit zwei Zeitfenstern der Stadtgeschichte befassen: Köln vor dem Krieg und kurz danach. Auf beide Perioden schaut der Kölner mit Wehmut zurück.

Nun lebt Köln nicht nur im Vorgestern und Gestern. Die Stadt lebt aktiv im Heute und planerisch auch in der Zukunft, die sicherlich, auch was das Bauliche betrifft, ein wenig auf sich warten lässt. Architektonisch hat sie jedoch im Jetzt und im Morgen mehr zu bieten, als sich der Kölner mithin vergegenwärtigt.

Uns war es ein Bedürfnis, mit diesem Buch abzubilden, wie die kleine Rheinmetropole auf dem Fundament ihrer sehr alten und bewegten Geschichte ganz aktuell zu sehen ist, wobei es sicherlich nur einen Ausschnitt ohne Anspruch auf Vollständigkeit zeigt. Aber es vermittelt einen intensiven Eindruck von Erhaltenem, teils jüngst mit großem Aufwand und hoher Sensibilität konserviert, und dem, was als gute Ergänzung in den vergangenen Jahren hinzugekommen ist. Vereinzelt im Bild bewahrt ist außerdem, was vielleicht in den kommenden Jahren nicht mehr zu sehen sein wird.

Neben einer kleinen Übersicht besonderer Gebäude, die uns noch aus vergangenen Zeiten erhalten geblieben sind, und einer Auswahl neuerer architektonischer Errungenschaften, kristallisiert sich ein kleiner Schatz heraus, der zwar im Ursprung der traurigen Geschichte Kölns im 20. Jahrhundert geschuldet ist, jedoch heute eine Besonderheit darstellt: die Neuentdeckung der zuvor teils wenig beachteten großen Anzahl an 1950er- und 1960er-Jahre-Gebäuden und deren architektonischer Raffinesse und Besonderheit sowohl in der baulichen Fassadenstruktur als auch im Innenraum. Es sind Juwelen des Stadtbildes, die in den vergangenen Jahren durch einen heute sehr aufmerksamen und aktiven Denkmalschutz vermehrt als schützenswert entdeckt und erklärt wurden und das Stadtbild prägen, wie es in kaum einer anderen Stadt Europas der Fall ist.

Michael Kaune
Herausgeber

In der öffentlichen Bekanntmachung der „Davos Declaration“, die von den Europäischen Kulturministern im Januar 2018 in Davos verabschiedet wurde, wird mit Nachdruck darauf hingewiesen, dass die Baukultur ein elementarer Bestandteil des Kulturguts eines Landes ist. Diese Baukultur tritt dem Betrachter in qualitativ hochwertigen Gebäuden sinnfällig gegenüber und gibt diesem weit interpretierbaren Begriff eine materielle Existenz.

Als Stadtkonservator der Stadt Köln liegt mir jede Form von Baukultur am Herzen, die das Stadtbild positiv prägen – ob im kleinen oder im städtebaulichen Maßstab.

Vom Römischen Poblicius-Grabmal bis hin zum zeitgenössischen Kranhaus – keine andere Stadt kann auf eine so mannigfaltige Baukultur innerhalb ihrer 2.000-jährigen Stadtentwicklung zurückblicken.

Der vorliegende Bildband führt uns diese Kölner Baukultur im Zeitfenster Gründerzeit bis Jahrtausendwende an ausgewählten Beispielen deutlich vor Augen. Natürlich ist dieses Buch keine denkmalpflegerische Bestandsaufnahme der letzten hundert Jahre, es fällt allerdings auf, dass von den 36 abgebildeten Gebäuden 29 unter Denkmalschutz stehen.

Persönlich freue ich mich über den großen Anteil an Bauten aus der Zeit des Wiederaufbaus. Aus meiner Sicht gibt es gerade hier in Köln eine hohe Dichte qualitativ hochwertiger 1950er-Jahre-Bauten, unabhängig von ihrem juristischen Status als eingetragenes Denkmal. Meine Auffassung wird des Öfteren von externen Architekten und Planern bestätigt, die Köln im Rahmen ihrer Teilnahme von architektonischen Preisgerichtssitzungen besuchen.

Als Stadtkonservator versuche ich immer wieder, die Kölner für die Qualität dieser Architektur zu begeistern und zu gewinnen. Jedes Gebäude besticht durch eine ihm eigene architektonische Gestaltung und städtebauliche Lösung, sei es das Haus Wefers oder das Amerika Haus. Noch heute bewundere ich, wie hier eine kleine Schar von Architekten, unter ihnen Karl Band, Hans Schilling, Theodor Schaller, Rudolf Schwarz, Gottfried Böhm, Wilhelm Koep und Theodor Kelter, in einem Zeitabschnitt von nur 15 Jahren das Bild einer zerstörten Stadt mit einer neuen Architektursprache wiederaufbauten. Bis heute sind diese Gebäude zeitlos und identitätsstiftend für die moderne Kölner Stadt.

Die Bilder in diesem Buch stehen nicht in Konkurrenz zu den herausragenden fotografischen Œuvres eines Hugo Schmölz oder Wim Cox, sondern zeichnen sich durch die künstlerische Nacharbeitung aus. Jo Fobers Fotos begeistern, weil sie dem Betrachter einen durch ihre „Überzeichnung“ anderen Blick auf die Gebäude eröffnen. Selbst mir als Denkmalpfleger, der seine „Kinder“ besonders gut kennen sollte, erschließen sich hierdurch Ansichten, die das Gebäude nicht so wiedergeben, wie es in natura auf uns wirkt, sondern so, wie es wirken könnte. Die harten Kontraste und scharfen Kanten legen das Wesen der Architektur frei, das hinter seinen Fassaden verborgen ist.

Dieser Bildband leistet einen Beitrag, damit wir Kölnerinnen und Kölner unsere Architektur mehr zu schätzen lernen.

Th. Werner
Dr. Thomas Werner
Stadtkonservator der Stadt Köln

Funkhaus am Raderberggürtel
1980
Entwurf: Planungsgruppe Stieldorf
(Abriss 2021)

Neben dem omnipräsenten WDR ist weniger bekannt, dass die „Medienstadt Köln“ schon jahrelang auch international sendet – aus dem Kölner Süden in Gestalt der beiden Rundfunkhäuser Deutsche Welle und Deutschlandfunk. Allerdings ist die buntere Deutsche Welle schon 2003 aus dem seinerzeit mit 138 Metern dritthöchsten Gebäude Kölns (nach Kölnturm und Colonia-Hochhaus) in den Schürmann-Bau nach Bonn umgezogen.

Nachdem sich Deutsche Welle und Deutschlandfunk zunächst auf mehrere Standorte verteilten, wurden 1980 beide Sender zentralisiert und bildeten fortan ein nachbarschaftliches Ensemble. Die farbig gestaltete Beton-/Glasfassade der Deutschen Welle hat 34 Stockwerke, während der auf einem Sockel aufsitzende Quader des Deutschlandfunks 18 Bürostockwerke umfasst.

Nach Feststellung der Asbestbelastung im Sendegebäude der Deutschen Welle, die 2003 zum Auszug der kompletten Anstalt führte, musste das leer stehende Gebäude aufwendig entkernt werden, um die Asbestbestände zu entsorgen. Auf dem Gelände sollen Wohnhäuser entstehen. Die Sprengung des Gebäudes wurde viele Jahre diskutiert, bevor diese letztendlich verworfen wurde. 2019 begann der Rückbau und wurde Anfang 2021 abgeschlossen.

folgende Doppelseite: >>
Kranhäuser
2010
Entwurf: Alfons Linster / Bothe Richter Teherani (BRT)

Die markanten „Drillingstürme“ am Rheinufer auf Höhe der Kölner Südstadt gehören zu den neuesten architektonischen Errungenschaften der Stadt und bilden mit ihrer äußeren Beschaffenheit als stilisierte Lastkräne eine Reverenz an die Bedeutung des ehemaligen Kölner Hafengebietes.

Der Wohn- und Bürokomplex (Kranhaus Nord bzw. Kranhaus Süd / Kranhaus 1) oberhalb des heutigen kleinen Kölner Yachthafens erstreckt sich vom ehemaligen Zollhaus bis zur Severinsbrücke. Die Planer der zweigeteilten „Kran-Ausleger“, die bei der architektonisch wie optisch spektakulären Gebäudeform nur auf einem schlanken, vollverglasten Treppenturm aufliegen, machten sich Erkenntnisse der Brückenbautechnik zunutze.

Auch infrastrukturell ist der Rheinauhafen mit seinen Kranhäusern bestens angegliedert: Unterhalb der Gebäude führt Europas längste Tiefgarage auf 1,6 Kilometern von Süden nach Norden. Zur internationalen Immobilienmesse MIPIM in Cannes wurde das mittlere der Häuser 2009 mit dem MIPIM-Award in der Kategorie „Business Centre“ ausgezeichnet.

Riverdance
12.10.17 KÖLN
LANXESS ARENA
LUCKY MAN
29.04.17 Düsseldorf
09.06.17 Köln
13.10.17 Krefeld
www.lukemockridge.de
KONZERTE IN KÖLN
MALKY
DIE HÖCHSTE EISENBAHN
EMILY BARKER
BLEU ROI
CAIRO
SERAFYN
DEICHKIND
LIVE
SPARKASSENPARK

Altes Hafenamt / Werthchen

1888

Entwurf: Georg Eberlein

Der Kölner Hafen erstreckte sich im 16. Jahrhundert entlang der linken Rheinmauer der Stadt. Hafen- und Werftaktivitäten gab es demnach auch auf der Rheininsel Werthchen. 1885 entschied sich der Rat der Stadt Köln für einen Ausbau des Stadthafens und damit zugunsten des „Beckens am Bayen". Die Zollhafenwerft eröffnete im April 1888. Das Hafenamt entstand im Mai 1898. Zwischen 1892 und 1898 entstand der ursprüngliche Rheinauhafen. Die Integration der 720 Meter langen und 40 Meter breiten Rheininsel Werthchen spielte die zentrale Rolle. Die Stadt wählte das südliche Gebiet rund um die Rheininsel als neues Hafenareal. Das vorstehende Alte Hafenamt ist ein Relikt dieser Zeit, während der Rheinauhafen ringsum komplett modernisiert wurde.

folgende Doppelseite: >>

Aurora-Mühle / Ellmühle

1909

Entwurf: Hans Verbeek

Die Söhne des Kölner Mühlenunternehmers und Stadtrats Heinrich Auer ließen 1909 im Deutzer Hafen einen neuen Mühlenbetrieb errichten. Die Lage war ideal: Getreide konnte per Schiff an-, Mehl abtransportiert werden.

Nach dem Zweiten Weltkrieg entstand nebenan die Ellmühle der Firma Leysieffer & Lietzmann. 1975 verschmolzen die Betriebe und werden heute mit weiteren Zukäufen als Deutschlands größtes Mühlen-Unternehmen GoodMills Deutschland GmbH geführt.

2016 verkündete das Unternehmen die Standortaufgabe und verkaufte das Areal für 80 Millionen Euro an die Stadtentwicklungsgesellschaft „moderne stadt". Unter anderem sollen der erhaltene mehrstöckige Kernbau mit seinen Holzböden, Gusseisenstützen und der markanten Fassade, historische Treppenhäuser und das Pumpenhaus mit Ausstattung der Braunschweiger Firma Luther bei der anstehenden Umnutzung als Stadtquartier erhalten bleiben.

Im Januar 2021, nach 111 Jahren, wurde der Betrieb final eingestellt. Mit einer Kapazität von 380.000 Tonnen pro Jahr war die Aurora-Mühle eine der bedeutendsten in ganz Europa.

Aurora

Lichtinstallation

„SEE THINGS FROM THE OTHER SIDE“

2022

Entwurf: Tim Etchells

Auf einem verwaisten Industriekran platziert, ragen die roten Neonbuchstaben 29 Meter breit und 1,8 Meter hoch in den Kölner Himmel. Der Text der Neon-auf-Dibond-Installation, die der Aktionskünstler Tim Etchells im Auftrag der Kölner Stadtentwicklungsgesellschaft „moderne Stadt“ geschaffen hat, ist in zwei Richtungen lesbar: in Richtung Rhein sowie in Richtung des Deutzer Hafens selbst. „SEE THINGS FROM THE OTHER SIDE“ lädt den Betrachter ein, Dinge aus einer anderen Perspektive zu sehen. Die außergewöhnliche Lichtinstallation spricht den zweideutigen räumlichen sowie narrativen Kontext an, in dem sie sich befindet: die beiden Seiten Kölns mit ihren verschiedenen sozialen, ökonomischen und kulturellen Gegebenheiten, die beiden Seiten des Rheins und des Hafens. Durch den widersprüchlichen Text, der jederzeit richtig herum und spiegelverkehrt zu sehen ist, und dessen freie Interpretation versucht „SEE THINGS FROM THE OTHER SIDE“ Momente der Verwirrung, Reflexion und Intimität im öffentlichen Raum zu schaffen.

SEE THINGS FROM THE
FROM THE OTHER SIDE

Bahnhof Köln Messe / Deutz

1912–13

Entwurf: Hugo Röttcher

Am 11. November 1913 wurde der Deutzer Bahnhof in Betrieb genommen und war für die Entwicklung der Region entscheidend. Auch heute fungiert der Bahnhof als ICE-Haltepunkt und direkt neben dem Kölner Messegelände gelegen als „zweiter Hauptbahnhof" Kölns.

Bei Betrachtung des Bahnhofs sticht das imposante Empfangsgebäude ins Auge. Im Zentrum des Komplexes, der in einer Mischung aus barocken und klassizistischen Formen erbaut ist, steht der große Kuppelbau, der von vorspringenden Flügelbauten mit Walmdach flankiert wird. Im Westflügel befindet sich heute die Bahnhofsgaststätte mit Terrasse, der Ostflügel wurde nach Kriegsbeschädigung teils mit der alten Hauptgliederung, aber ohne Ornamentik wieder aufgebaut. Der helle Kuppelbau galt seinerzeit als architektonische Meisterleistung. 2009/10 wurde der Kuppelbau aufwendig renoviert und durch die Herausnahme von Zwischendecken wurde seine Konstruktion hervorgehoben.

Um die Verbindung zur 1911 erbauten Hohenzollernbrücke zu schaffen, wurde der Deutzer Bahnhof als Turmbahnhof konstruiert. Auf zwei Ebenen treffen Züge aufeinander: Die hoch liegenden, durch lange Treppen zu erreichenden Bahnsteige „Deutz-Hoch" bedienen Züge der Richtung Ost-West. Züge der Richtung Nord-Süd sind durch die unterhalb liegenden Bahnsteige „Deutz-Tief" angebunden.

Nach dem Zweiten Weltkrieg wurde der Bahnhof vereinfacht wieder aufgebaut. Einzelne Überdachungen der Bahnsteige ersetzten das große Runddach, das das Bahnhofsareal in mehreren Schwüngen überspannte. Mit der Ausweitung des S-Bahn-Netzes erhielt der Bahnhof in den 1980er-Jahre zwei neue Gleise nördlich der bestehenden Strecken: die Gleise 9 und 10.

folgende Doppelseite: >>

Tanzbrunnen

1949

Entwurf: Josef Op Gen Oorth, Frei Otto (Sternwellenzelt)

Auf dem ehemaligen Gelände der Kölner Werkbundausstellung entstand 1949 nach Entwürfen von Josef Op Gen Oorth inmitten eines großen runden Brunnens ein über Brücken begehbares Rondell, das vor allem als Tanzfläche diente. 1957 kam im Zuge der Bundesgartenschau das markante Dachkonstrukt von Frei Otto hinzu, der unter anderem mit seiner Teilnahme am Bau des Münchener Olympiastadions bekannt wurde. Von 1994 bis 2000 lag der Brunnen trocken, mit der Saisoneröffnung im Mai 2000 wurde er wieder in Betrieb genommen.

DB
KÖLN MESSE/DEUTZ
S

SUPER RTL
n-tv
RESTAURANT

Coca-Cola
Food

Park-Café im Rheinpark
1957
Entwurf: Rambald von Steinbüchel-Rheinwall
2015
Entwurf Sanierung: Bodo Marciniak

Unter dem Motto „Blumen blühen am Rhein“ wurde am 29.04.1957 die Bundesgartenschau in Köln eröffnet. Gleichzeitig startete auch der Betrieb des damals noch Restaurant Parkhaus genannten nierenförmigen Gebäudes. Als Gastronomie auf Zeit konzipiert, fanden 1.200 Gäste Platz in den Räumlichkeiten auf verschiedenen Ebenen mit Aussicht über den Rheinpark.

Das Gebäude, das auf den Grundmauern des preußischen Fort XII errichtet ist, scheint mit der Natur verwachsen zu sein. Die Grenzen von außen und innen verschwimmen durch die großen Fensterfronten, das filigrane Geländer um das auskragende Dach des 2. Stocks, das gleichzeitig als Außenterrasse dient, und die leicht geschwungenen Stahlbetonrampen, die die Ebenen verbinden. Die Terrasse im 1. Obergeschoss liegt auf einer Geländeerhebung. Obenauf wartet ein Pavillon mit Flugdach.

Bei der Farbgebung wurde auf Primärfarben gesetzt. Das große Dach erstrahlt in sattem Blau, das Flugdach in Gelb. Die Farbvorlieben und geschwungenen Formen spiegeln sich im angrenzenden Blumenhof wider. Saisonal wechselt die Bepflanzung der Beete.

1971 wurde das Gebäude für eine weitere Bundesgartenschau renoviert und in Park-Café umbenannt. Nach den beiden Gartenschauen verfiel das Gebäude jedoch, da kein nachhaltiges Konzept zur Nutzung gefunden wurde. Erst mit der Neuansiedlung von Unternehmen und dem Ausbau der Kölner Messe entwickelte sich die Lage des Cafés wieder zu einem attraktiven Standort.

Nach fünfjähriger Sanierung feierte das Park-Café im Juli 2022 seine Wiedereröffnung. Gebäude und Farbgestaltung entsprechen heute der Erscheinung bei seiner Eröffnung 1957. Auch die Innen- und Außeneinrichtung ist im Stil der 1950er-Jahre gehalten. Das Park-Café wurde komplett entkernt und grundsaniert: ein Treppenhaus und Aufzug wurden eingebaut, Heizungs-, Lüftungs- und Brandmeldeanlagen wurden realisiert und die Stahlbetonrampe zur 2. Ebene wurde erneuert.

Die Bronzeskulptur „Schreitende Störche“ im Blumenhof stammt von dem Bildhauer Philipp Harth (1885–1968), der für seine Tierplastiken bekannt ist. Für die Bundesgartenschau 1957 entworfen, wurde das Original 2016 aus dem Rheinpark entwendet. Heute ziert seit 2017 ein Abguss der Skulptur den originalen Standort.

Park-Cafe

Bastei

1924

Entwurf: Wilhelm Riphahn

Der am Rheinufer auffällig positionierte Rundturm stammt vom Kölner Architekten Wilhelm Riphahn. Er setzte den Stahlbau auf einen ehemaligen preußischen vorspringenden Verteidigungsposten („Bastei") auf und zentrierte das gezackte Dach in der charakteristischen Spitzhaube des Restaurantgebäudes.

Der runde Innenraum bietet dank seiner Konzeption als „gläserne Wand" nahezu von jeder Sitzgelegenheit aus einen unverbauten Blick auf den Rhein und das gegenüberliegende Ufer.

EASA-Gebäude / ehemalige „Königliche Eisenbahndirektion Cöln“
1913
Entwurf: Kgl. Landbauinspektor Karl Biecker / Kgl. Regierungsbaumeister Adolph Kayser, Martin Kießling
2013
Entwurf Umbau: Büro kadawittfeldarchitektur

Der noch recht neue Sitz der Europäischen Agentur für Flugsicherheit (EASA) beherbergte die längste Zeit seines Bestehens die frühere „Königliche Eisenbahndirektion Cöln“. Das markante, 120 Meter breite neoklassizistische Bauwerk am Rheinufer nördlich des Doms wurde in der Blütezeit des Eisenbahnverkehrs gebaut und spiegelt dies auch wider. Nachdem die ständig wachsende Kölner Eisenbahndirektion nicht länger Wohnungen anmieten wollte, beschloss man 1904, alle Dienststellen und Büros der Reichsbahn samt Dienstwohnungen höherer Beamter (sowie eine „Präsidentenvilla“) unter einem Dach zu vereinen, direkt neben dem Hauptzugang zur Stadt, der Hohenzollernbrücke, eingerahmt vom Kölner Dom und der Kirche St. Kunibert. Gemeinsam mit der Präsidentenvilla bildet das EASA-Gebäude nach wie vor einen visuell bedeutenden Meilenstein am Kölner Rheinufer.

Nach der Entkernung des Gebäudes 2013 blieb nur die Fassade im Originalzustand. Hinter drei erhaltenen schmiedeeisernen Empfangstüren wartet jedoch nach wie vor eine imposante Eingangshalle auf ihre Besucher. Auch das gusseiserne Treppengeländer blieb nach dem Umbau erhalten. Andere Details wurden im Zuge der Neugestaltung an anderer Stelle eingesetzt und so in den Umbau integriert.

folgende Doppelseite: >>
Innenansicht EASA-Gebäude (linke Seite)
Servasgasse (rechte Seite)

Das Brückchen in der Servasgasse verbindet das Gebäude der ehemaligen Eisenbahndirektion mit der Präsidentenvilla, damit der Präsident trockenen Fußes Arbeitsplatz bzw. Wohnung erreichen konnte. Die im Volksmund „Seufzerbrücke“ genannte Gebäudeverbindung stellt vor allem zu Hochwasserzeiten ihren venezianischen Charakter unter Beweis: Dann fließt oft tatsächlich Wasser unter ihr hindurch.

Hohenzollernbrücke / Rheinboulevard Köln-Deutz

1911
Entwurf Steinbau: Franz Schwechten
Entwurf Türme: Friedrich Dircksen
Entwurf Stahlbögen-Konstruktion: Fritz Beermann

2016
Entwurf Rheinboulevard: Planorama Berlin

„Besser in Deutz wohnen und Köln sehen, als in Köln wohnen und Deutz sehen", lautet ein berühmtes Bonmot des französischen Schriftstellers Victor Hugo.

Als eines der baulichen Highlights der Stadt neueren Datums zahlt der rund 500 Meter lange Deutzer Rheinboulevard auf die Hugo-Perspektive ein: Die mehrstufige Freitreppe, die sich von der Deutzer Brücke bis kurz vor die Hohenzollernbrücke erstreckt, bietet Besuchern und Passanten Gelegenheit, den Blick über den Rhein und das Kölner Stadtpanorama schweifen zu lassen.

Die ursprüngliche Dombrücke wurde 1911 von Kaiser Wilhelm II. für Fußgänger, Autos und die Straßenbahn eingeweiht. Die Richtungsachse war genau auf den Kölner Dom ausgerichtet. Für den Zugverkehr bildet sie heute einen der wichtigsten Übergänge zwischen dem Westen Deutschlands und den nördlichen und südlichen Bahnverbindungen. Mit über 1.500 Überquerungen pro Tag ist sie auch die am meisten befahrene Eisenbahnbrücke des Landes.

Am 6. März 1945 wurde die Brücke von fliehenden Pionieren der Wehrmacht gesprengt. Ohne den Straßenteil wurde die Hohenzollernbrücke 1948 als Provisorium wieder nutzbar gemacht; die Brückentürme und Portalbauten wurden zehn Jahre später abgerissen. Die heutige Hohenzollernbrücke stellt nach mehreren Erweiterungen in großen Teilen eine Kopie der ursprünglichen Brücke dar.

S
HAUPTBAHN
THE BODY SHOP
Kölner Stadt-Anzeiger
Kölner Stadt-Anzeiger
GÖNN DIR GUTES
Fan Veedel on Ice

Hauptbahnhof

1859

Entwurf: Hermann Otto Pflaume

1957

Entwurf Empfangshalle: Schmitt und Schneider

Der Kölner Hauptbahnhof ist einer der wichtigsten Knotenpunkte des europäischen Fernverkehrs. Nicht ohne Bedenken wurde 1857 das Gelände des ehemaligen Botanischen Gartens zur Bebauung eines zentralen Bahnhofes freigegeben. So plante der Architekt Hermann Otto Pflaume den sowohl als Kopfbahnhof wie auch als Durchgangsstation konzipierten „Centralbahnhof", der 1859 eingeweiht wurde.

Nach der Verstaatlichung der verschiedenen Eisenbahngesellschaften wurde der Bahnhof um 1880 herum erweitert, da er bereits zu klein geworden war.

1894 wurde die große dreigliedrige Bahnsteighalle fertiggestellt; stilistisch ist sie an die Halle des Londoner Bahnhofs St Pancras angelehnt. Mit einer Spannweite von 64 Metern überspannte die Mittelhalle die heutigen Gleise 2 bis 7.

Ende der 1950er-Jahre wurde die heutige Empfangshalle eingeweiht. Einzig die Wartesäle der 1. und 2. Klasse im Bereich Trankgasse und Johannisstraße haben den Zweiten Weltkrieg überstanden und werden seit den 1980er-Jahren als Diskothek, Restaurant und Event-Location (Alter Wartesaal) genutzt. Die neue Bahngleisüberspannung erweitert die alte Überdachung und stammt aus den 1990er-Jahren.

Kurienhaus / Kösel am Dom

1961

Entwurf: Dombaumeister und erzbischöflicher Baumeister Willy Weyres / Bernhard Rotterdam

Die vorherigen Gebäude an der heutigen Stelle des Kurienhauses wurden schon immer kirchenhoheitlich genutzt – dies hatte mit dem Bau des Erzbischöflichen Palais im 12. Jahrhundert begonnen. In das 1961 errichtete Gebäude zog von 1972 bis 2007 das Diözesanmuseum ein.

Im Rahmen des Realisierungswettbewerbs „Neue Historische Mitte" wird das Kurienhaus abgerissen. Zwischenzeitlich war eine Polizeistation untergebracht. Auf dem Grundstück soll als Wegmarke der geplanten „Via Culturalis" das neue Gebäude des Kölnischen Stadtmuseums errichtet werden sowie ein Studiengebäude für das Römisch-Germanische Museum und von kirchlicher Seite der Neubau eines Kurienhauses.

BÜCHER
KÖSEL
KÖSE
BÜCHER
KÖSEL
KUNST
Souvenirs

Gürzenich

1955

Entwurf: Rudolf Schwarz / Karl Band

Kölns legendärer Festsaal wurde im 15. Jahrhundert als Festhaus und Tanzsaal im spätgotischen Stil errichtet. Beim Bau des zweischiffigen Gebäudes im Auftrag der Patrizierfamilie von Gürzenich zwischen 1441 und 1447 wurde wie beim Kölner Dom Drachenfelser Stein aus dem Siebengebirge verwendet. Nachdem der Gürzenich im 17. Jahrhundert zwischenzeitlich als Warenhaus genutzt wurde, fungiert das Haus seit dem 19. Jahrhundert erneut als Kölns erste Veranstaltungsadresse mit Karnevalssitzungen, Orchesterkonzerten und Bällen.

1857 erhielt der Bau einen aufwändigen, stilistisch angepassten Anbau im neugotischen Baustil mit einem großen Treppenhaus und dem „Isabellensaal". Nach der weitgehenden Zerstörung im Zweiten Weltkrieg wurde der Gürzenich unter Leitung von Rudolf Schwarz wiederaufgebaut und neugestaltet. Der Anbau sowie die Gestaltung der Innenräume im Stil der damaligen Zeit wurden nach Plänen von Karl Band und Rudolf Schwarz ausgeführt. Schwarz, der vor allem als Kirchenbauer bekannt wurde, hat beim Neubau des Gürzenich unter anderem die benachbarte Kirchenruine von St. Alban mit dem Konzertsaal verbunden.

Im Laufe der Geschichte erlangte der Gürzenich kulturhistorische Bedeutung: Seit 1857 wirkt dort das Gürzenich-Orchester mit vielen wichtigen Uraufführungen, und der Kölner Zeitungsreporter Karl Marx verlas dort erstmals sein „Kommunistisches Manifest". Auch die Kölner Börse befand sich bis 1922 in den Räumlichkeiten.

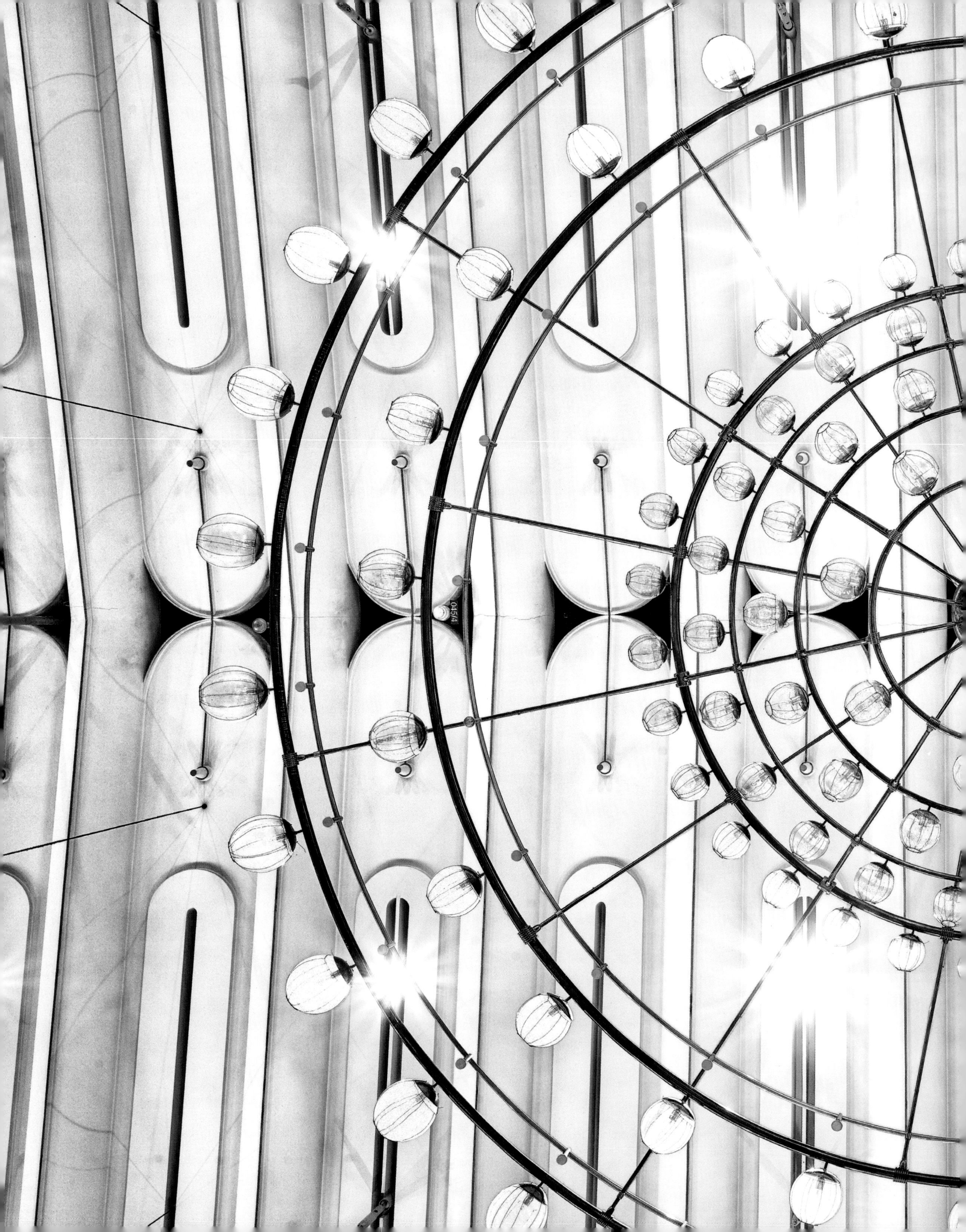

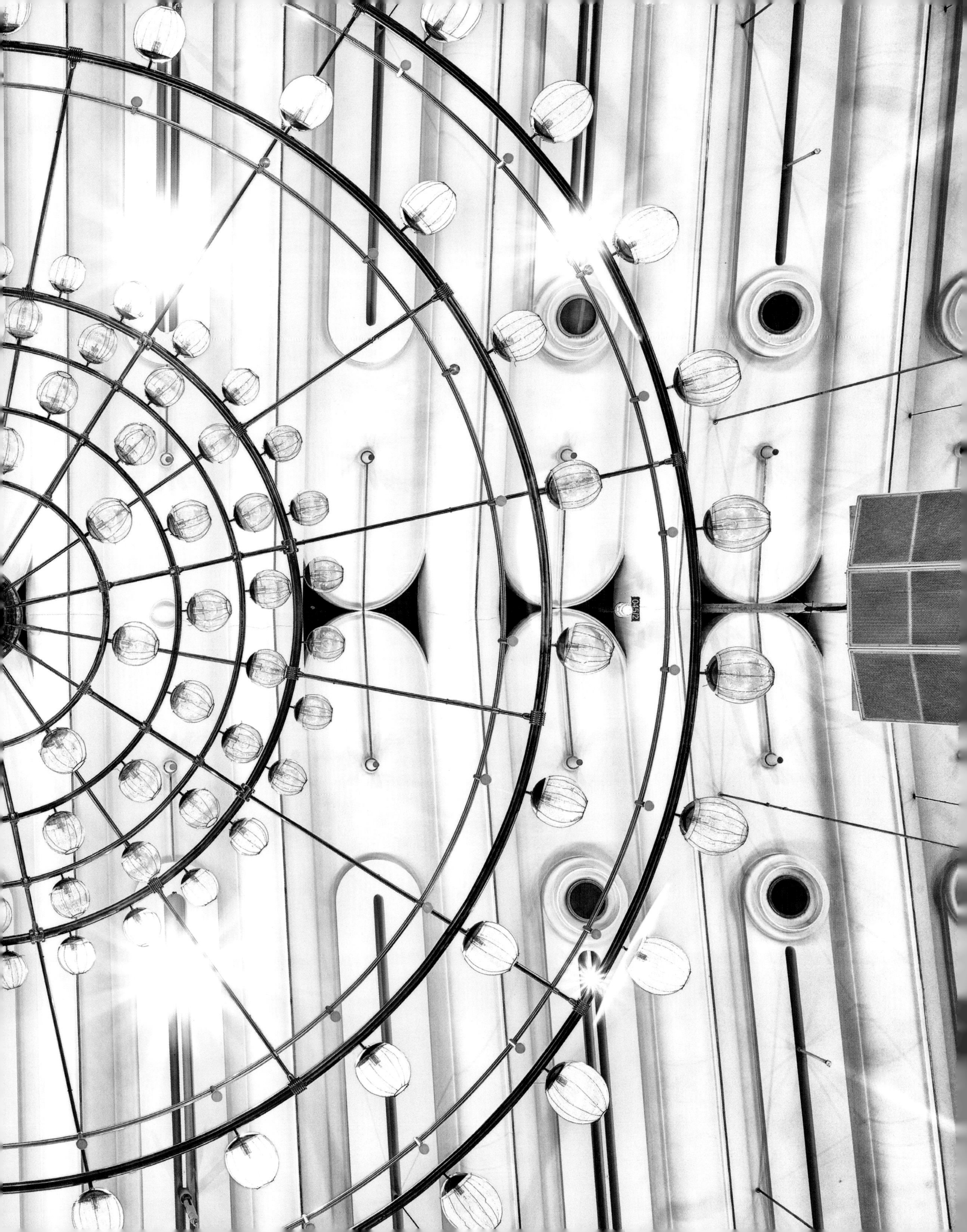

Kleiner Saal

U-Bahnhof Heumarkt / Gürzenich

2013

Entwurf: Architekturbüro Prof. Ulrich Coersmeier

Die unterirdische U-Bahn-Station der Linie 5 südlich des Heumarkts bildet die Fortsetzung der Gestaltung des Heumarkts. Schon seit den 1960er-Jahren bestand ein Tunnelprovisorium, als Bauvorleistung für den späteren Bau einer Ost-West-Verbindung, das bis 2013 nur als Durchgang zu den oberirdischen Haltestellen und als Straßenunterquerung fungierte. Die heute größte Kölner U-Bahn-Station wurde vom Architekturbüro Coersmeier gestaltet. Zwei Verteilerebenen, die über lange Rolltreppen miteinander verbunden sind, prägen das Erscheinungsbild. In der untersten Ebene verkehren die U-Bahnen. Auch hier wurden bereits Bauvorleistungen getätigt, um später auch die überirdischen Bahnlinien unter Tage zu führen.

Auf Gleis 2 des U-Bahnhofs Heumarkt vermeldet die Kunstinstallation „Ghosttrain" täglich zwischen 20 Uhr und Mitternacht die Einfahrt eines Sonderzuges, dessen Durchfahrt nur akustisch zu vernehmen ist.

Straße Schildergasse

KOLUMBA (Kunstmuseum des Erzbistums Köln) / L.-Fritz-Gruber-Platz

2007

Entwurf Kunstmuseum: Peter Zumthor

Entwurf L.-Fritz-Gruber-Platz: Hiltrud M. Lintel, Büro scape

Der „Überbau" der bestehenden Kirche St. Kolumba beherbergt das Kunstmuseum des Erzbistums Köln und bezieht sowohl die Fundamente der im Zweiten Weltkrieg zerstörten romanischen Kirche als auch die von dem Kölner Architekten Gottfried Böhm an ihrer Stelle erbauten Kapelle „Madonna in den Trümmern" ein. Pritzker-Preisträger Peter Zumthor setzte seinen Neubau auf den ursprünglichen Grundriss der Kirche auf. Auch die verwendeten Baumaterialien sind die gleichen wie bei der Kirche und sorgen daher für einen harmonischen Eindruck der Gebäudekonzeptionen. Die Ausstellungsräume entwickeln ihre Atmosphäre durch den vorherrschenden Eindruck des wechselnden Tageslichts, auf künstliche Lichtquellen wird bewusst verzichtet. Besonders eindrucksvoll ist der unterste Raum, über dessen Boden eine Holzkonstruktion über den ältesten Grundriss der Kirche führt, als sei es eine Aussichtsplattform.

Hinter dem Kunstmuseum Kolumba befindet sich der L.-Fritz-Gruber-Platz, benannt nach dem Kölner Begründer der photokina-Messe und basierend auf dem Entwurf der Düsseldorfer Landschaftsarchitekten „scape". In das ortstypische Basaltpflaster ist in der Größe des Platzes eine Fläche aus hellen Betonplatten mit den Proportionen des Kleinbildformats 6:9 eingelegt. Die zentrale Kugellampe, die bei Dunkelheit den weißen Bodenbelag illuminiert, generiert ein Schattenspiel aus Passanten, Bäumen und anderen beweglichen oder unbeweglichen Elementen, die den Platz in einen ständig variierenden Ort aus Licht- und Schattenspielen verwandeln. Tagsüber lässt nur das in den Boden eingelassene Man Ray-Zitat vermuten, was hier mit Anbruch der Dunkelheit passieren wird: „Alles kann durch Licht verändert, deformiert oder eliminiert werden. Es ist genauso geschmeidig wie der Pinsel."

Chopard
LOUIS VUITTON
LOUIS VUITTON

№4711.
LONGCHAMP
LAUGOLDHAUS DOMKLOSTER 2
BVLGARI

< vorhergehende Doppelseite:

Blau-Gold-Haus

1952

Entwurf: Wilhelm Koep

2012

Entwurf Neugestaltung: Johannes Kister

Seinen Namen trägt das Gebäude des 4711-Hausarchitekten Wilhelm Koep aufgrund der typischen, seit 1839 bestehenden Türkis-Gelb-Kombination der Parfümmarke. Im ehemaligen 4711-Geschäftshaus wird die Aluminium-/Glas-/Stahl-Fassade nachts indirekt beleuchtet, was zu einem attraktiven Leuchteffekt führt. Seit 1991 steht das Gebäude unter Denkmalschutz. Im Zuge der Erweiterung des Dom-Hotels wurde es zwischen Juni 2010 und August 2012 von Architekt Johannes Kister entkernt und neugestaltet, wonach das Blau-Gold-Haus 2012 einen Sonderpreis des Bundesbauministeriums und des Deutschen Stahlbaus erhielt.

Funkhaus am Wallrafplatz

1993

Entwurf: Peter Friedrich Schneider

Die Kölner Ikone eines kulturellen Neuanfangs entstand mitten in den umliegenden Kriegstrümmern auf den Grundrissen des größtenteils zerbombten „Hotel Monopol"; die verbleibenden Teile davon nahm man einfach in die Planung auf. Daraus entstand 1952 am Wallrafplatz eines der damals modernsten Gebäude Europas – das „Funkhaus am Wallrafplatz" nach den Plänen von Peter Friedrich Schneider, der sich vor allem mit Bauwerken in den Ford-Werken einen Namen machte. Travertin-Fassaden mit hohen Arkadenfenstern, aufwendige Treppenhausverglasungen und Wandmalereien prägen das Gebäude.

Herzstück des Funkhauses ist der bei Veranstaltungen öffentlich zugängliche „Große Sendesaal", der vor allem Konzertaufführungen dient, die oftmals live im Radio übertragen werden. Er bietet Platz für 650 Besucher und wurde als akustische Sensation gefeiert.

Marken
105 bis 208

Aufzug im Brandfall nicht benutzen!

Museum für Angewandte Kunst Köln (MAKK)
1957
Entwurf: Rudolf Schwarz / Josef Bernard

Der renommierte Nachkriegsarchitekt Rudolf Schwarz wandte sich mit seiner Schrift „Das Neue Köln" gegen den vorherrschenden Bauhaus-Funktionalismus und plädierte stattdessen zugunsten einer organischen Art und Weise der Städte- und Gebäudeplanung. Vorbildlich für seine Vorstellungen vom Neuen Bauen war das damals als Wallraf-Richartz-Museum errichtete Gebäude, mit dem Schwarz unter Mitwirkung von Josef Bernard die Museumsarchitektur der frühen Bundesrepublik Deutschland und das Vorbild einer geschichtsbewussten Nachkriegsmoderne nachhaltig prägte.

Das Museum in unmittelbarer Nähe zum Dom entstand 1957 auf dem ursprünglichen Grundriss des Minoritenklosters und zitiert trotz seiner modernen Erscheinung in Teilen die mittelalterliche Klosterarchitektur, insbesondere durch die identitätsstiftenden Satteldächer, die an alte Spitzgiebel erinnern. Die Schlichtheit des Ziegelbaus betrachtete Schwarz wiederum als Antwort auf das Ideal des Bettelordens, dem die Minoriten angehören. Auch im Inneren der vier Museumsflügel öffnen sich klassische, innenhofartig anmutende Bereiche der Klosterarchitektur. Man fühlt sich an den Wandelgang einer Minoritenkirche erinnert. Bemerkenswert ist ebenso der breite Treppenaufgang hinter dem Eingangsbereich, der im Obergeschoss durch eine Wendeltreppe fortgesetzt wird.

1968 wurde die Sammlung von Peter Ludwig übernommen, wodurch die Kapazität an ihre Grenzen kam; das Museum wurde neu ausgeschrieben. Seit 1989 beherbergt der sogenannte Schwarz-Bernard-Bau das ehemals als „Kunstgewerbemuseum" betitelte heutige Museum für Angewandte Kunst (MAKK).

Willy Fleckhaus

Kunst + Design im Dialog
WILLY FLECKHAUS
Design, Revolte, Regenbogen
2. Obergeschoss
„Zur Freude!“
Kostbare Dosen
Kölner Designpreis 2016

Haus der Wirtschaft / IHK-Gebäude

1952

Entwurf: Karl Hell

Die nach der Besetzung Napoleons 1803 in Köln installierte „Chambres de Commerce“ ist die älteste, kontinuierlich bestehende Handelskammer Deutschlands. Nachdem das ursprüngliche IHK-Gebäude in der Straße Unter Sachsenhausen 4 zerbombt war, wurde das neue Gebäude nach Wiederaufnahme der IHK 1945 im Stil der klassischen Nachkriegsarchitektur errichtet und 1952 eingeweiht; den alten Standort wollte man in Voraussicht meiden, da dort bereits die heutige Nord-Süd-Fahrt in Planung war. Federführend war der Architekt Karl Hell, von dem auch das Gymnasium Kreuzgasse oder das oft zitierte Feierabendhaus in Hürth-Knapsack stammt. Ein repräsentatives Treppenhaus, ein Paternoster und ein „Börsensaal“ zieren das Hauptgebäude der IHK seit Beginn der 1950er-Jahre. 2017 wurde beschlossen, das IHK-Gebäude vollumfänglich zu sanieren.

Verwaltungsgebäude (ehemals Bankhaus Herstatt)

1957

Entwurf vorderer Block: Hanns Koerfer

1963

Entwurf hinterer Block: Franz-Heinrich Sobotka, Gustav Müller

Der mit der Industrie- und Handelskammer zu Köln verbundene Bau bildet eine fünf- respektive acht-geschossige Stahlbetonskelettbau-Anlage mit vorgehängter Natursteinfassade aus Muschelkalk und Travertin, in den Obergeschossen als plastisch hervortretendes enges Raster ausgebildet. Das oberste Stockwerk des ehemals fünfgeschossigen Gebäudes wurde 1972 nachträglich aufgesetzt. Die durch eine interne Laufbrücke verbundenen Gebäude sind besonders prägnant durch Öffnungen im Erdgeschoss mit vorgesetztem Gitter, weit auskragenden Flugdächern auf Stahlstützen und einem dreiseitig umlaufenden Brüstungsgeländer aus Metall und Glas.

Haus Jabs / Dominium

2006

Entwurf: Hans Kollhoff

Das mehrteilige Dominium-Gebäude beherbergt heute vor allem Corporate Coworking Spaces und Außenbüros unterschiedlicher Unternehmen. Zwischen dem bewahrten Säuleneingang der ehemaligen Commerzbank in der Straße Unter Sachsenhausen und der integrierten Fassade des historischen „Haus Jabs" in der Komödienstraße auf der anderen Seite des Komplexes heißen fünf Pforten zu den jeweiligen Teilgebäuden Besucher willkommen.

Die Hausfronten bilden individuelle Physiognomien aus und sind dabei in einen zweigeschossigen Sockelbereich mit Hauseingängen und Schaufenster, in den filigranen, durch Pfeiler vertikal betonten Körper und in den ortstypischen steilen Satteldachabschluss mit Gauben gegliedert. Für die kräftig gegliederten, fein profilierten Straßenfassaden finden die charakteristischen Materialien der Kölner Innenstadt in feiner farblicher Abstimmung Verwendung: Sandstein, Muschelkalk, Travertin, Kalkstein und Tuff.

GENERALI
GENERALI

MERCK FINCK & CO
PRIVATBANKIERS

GENERALI

Haus Wefers

1956

Entwurf: Karl Band

Das Wohn- und Geschäftshaus Wefers, eine Ikone seiner Zeit, ist eines der wenigen zentralen Gebäude mit unverbaubarem Blick auf den Kölner Dom.

Josef Stracke, der 1952 von Wilhelm Wefers den gleichnamigen Paramente-Handel übernahm, beauftragte mit dem Entwurf den Architekten Karl Band, der seinen Gestaltungsvorschlag „unter Berücksichtigung des Metiers“ erstellen sollte.

Der Verkaufsraum inklusive der kompletten Einrichtung des noch heute betriebenen Firmensitzes ist nach wie vor unberührt.

Band verantwortete eine Vielzahl an Kölner Pfarrkirchen und war unter anderem am Wiederaufbau des Kölner Gürzenich beteiligt.

WILHELM WEFERS
P

Oper / Schauspielhaus
1957–1962
Entwurf: Wilhelm Riphahn

1945 und 1948 fungierte der renommierte Architekt Wilhelm Riphahn als Berater für den Wiederaufbau der Stadt Köln. In den 1940er- und 1950er-Jahren gab er der Stadtentwicklung Kölns wesentliche Impulse, besonders in Gestalt des Offenbachplatzes mit der Oper, der Opernterrassen und des Schauspielhauses.

Obwohl das alte Operngebäude im Zweiten Weltkrieg nur geringen Schaden nahm, zog man bei der Stadtplanung den Bau eines neuen Opernhauses vor, das auf dem Gelände des ehemaligen Stadttheaters und der Synagoge am Offenbachplatz entstand. Die neue Oper sollte in ihrer Formensprache dem Willen zur Moderne entsprechen, der sich auch auf dem Spielplan wiederfinden sollte.

Mit 1.346 Plätzen zählt das 1957 von Konrad Adenauer eingeweihte Gebäude zu den sogenannten „großen Häusern" Deutschlands und wurde von der Presse anlässlich der Eröffnung sogar als „schönster Theaterbau" Deutschlands bezeichnet.

Im Volksmund wurde der Riphahn-Bau abwertend „Indisches Grabmal" oder „Grabmal des gescheiterten Intendanten" genannt. Außen bilden die Werkstatt-Türme und einsichtigen Glasfassaden markante Elemente, im Inneren sind es neben dem Zuschauerraum, der teilweise durch Regie und Logen überdacht ist, besonders jene ins Parkett ragenden weißen „Logenschlitten".

Kuriosum: Die Mosaikfragmente des Brunnens vor der Oper wurden unter anderem aus dem Bad der Luxusjacht „Christina" des griechischen Reeders Aristoteles Onassis entnommen.

Weltstadthaus

2005

Entwurf: Renzo Piano

Das Weltstadthaus war für die Stadt ein wichtiges Signal: Endlich fand Weltarchitektur auch in Köln seinen Einzug – wenngleich der Start holprig verlief. Die Fertigstellung verzögerte sich erheblich, sodass die Baustelle über mehrere Jahre brachlag.

Das Gebäude nach Plänen von Renzo Piano (Centre Pompidou/Paris, Kansai Flughafen/Osaka) wirkt ein wenig eingezwängt oberhalb der Untertunnelung der Nord-Süd-Fahrt, weist aber vor allem aus der Fernsicht monumentalen Charakter auf – nicht zuletzt wegen der aus dem Stadtbild herausragenden Dacharchitektur: Oberhalb des vergleichsweise klassischen Aufbaus eines mehrstöckigen Kaufhauses sticht die Glas-/Holzkonstruktion des Dachs ins Auge, das sich wie ein Walfisch über die umliegenden Dächer erhebt.

In 2006 wurde das Weltstadthaus mit dem Deutschen Holzbaupreis sowie dem renommierten MIPIM Award auf der gleichnamigen Immobilienmesse in Cannes ausgezeichnet. Genutzt wird es heute vom Auftraggeber Peek & Cloppenburg als Bekleidungskaufhaus.

Peek&Cloppenburg

Dombaumeister-Haus

1898/99

Entwurf: Carl Moritz

Das heute noch in Bezug auf die Fassadenansicht und die Innenräume besonders gut erhaltene neogotische Gebäude ist das Resultat vieler seinerzeit umfassend diskutierter Entwürfe. Den ersten, der ein Neurenaissance-Haus vorsah, lieferte 1895 der damalige Stadtkonservator Rudolf Schultze.

Der frisch aus Berlin angereiste und für das Kölner Hochbauamt tätige Architekt Carl Moritz war für Entwürfe ausgefallener Art bekannt. Er lieferte im Folgejahr 1896 gleich drei neue Entwürfe für das geplante Haus neben dem Römerturm: zunächst die Vorentwürfe für ein neugotisches Haus, dann für eine „staufische Variante" und zuletzt für ein „neuromanisches Burghaus", das einen Treppenturm auf dem Römerturm vorsah. 1898 wurde die Entscheidung für das neugotische Haus verabschiedet, dem von Carl Moritz selbst favorisierten Baustil und von diesem bereits mit dem „Moritzschen Pavillon" in der Lindenburg und dem Pavillon Lichtenstern umgesetzt.

Über dem Eingangsportal des Hauses Zeughausstraße 13 verewigte sich der am reichen Fassadenschmuck beteiligte Bildhauer Edmund Renard (Französisch für Fuchs) mit dem Relief eines Fuchses. Zur gleichen Zeit baute Renard den berühmten Kölner Heinzelmännchenbrunnen.

Der neogotische Prachtbau diente von 1904 bis 1948 als Sitz der Dombauverwaltung; hier hatte der Dombaumeister der Stadt Köln offiziell seinen Wohnsitz. Später beherbergte das Gebäude für einige Jahre das Archiv des Filmverleihs der Erzdiözese Köln.

Heute ist das seit den 1980er-Jahren denkmalgeschützte Gebäude in Privatbesitz und wird vom Eigentümer als Wohn- und Arbeitsstätte genutzt.

Römerturm

2. / 3. Jahrhundert n. Chr.

Der Römerturm ist der am besten erhaltene von ehemals 19 Türmen des römischen Stadtwalls. Auffällig ist seine Verzierung mit aufwendigen Mosaikarbeiten. Der Turm wurde um 1833 zu einem Wohnturm mit drei weiteren Etagen aufgestockt. Als um 1898 direkt nebenan die Dombauverwaltung entstand, wurde dieser Aufbau rückgebaut und durch Zinnen ersetzt.

Altes Stadtarchiv / The QVEST Hotel
1897
Entwurf: Friedrich Carl Heimann

Das historische Bauwerk aus dem Jahr 1897 mit seiner damals modischen neugotischen Architektur wurde im Auftrag der Stadt Köln nach Plänen des Stadtbaurates Friedrich Carl Heimann als repräsentatives neugotisches Gebäude geplant. Das Kölner Stadtarchiv bezog die neue Adresse gemeinsam mit der Stadtbibliothek.

Gelegen an einem der wenigen, sehr gepflegten und ruhigen Innenstadt-Plätze, dem Gereonskloster, präsentiert sich das dreigeschossige Gebäude an der Eingangsseite durch einen großen Mittelgiebel, während im ersten Obergeschoss die große, maßwerkverzierte Fensterfront ins Auge fällt.

Schon das Empfangsfoyer mit seinen Rippengewölben und Spitzbögen vermittelt eine sakrale Aura. Skulpturen des Chronisten Gottfried Hagen und des ersten Kölner Buchdruckers Ulrich Zell flankieren unter verzierten Baldachinen das Hauptportal.

Die Innenräume des Bibliotheks- und Archivgebäudes hatten sowohl zweckmäßige als auch repräsentative Elemente. So gibt es in Lesesaal und Treppenhaus Sterngewölbe, Säulenumgänge, goldverzierte Holzdecken und üppige Schnitzarbeiten an Türen und Konsolen. Der dem hinteren Teil des Erdgeschosses angeschlossene, damals beeindruckende Bibliotheks-Lesesaal musste nach dem Krieg abgerissen werden. Der Archiv-Lesesaal im Obergeschoss wird als „vornehm und in der Art eines Klosterrefektoriums“ beschrieben.

Nach dem Auszug des Stadtarchivs 1971 wurde das Gebäude als interne Bibliothek des Gerling Konzerns genutzt. Unter mühevoller und behutsamer Beachtung des Denkmalschutzes ist es heute als Hotel THE QVEST bekannt und wieder zugänglich für die Öffentlichkeit. Neben der nun auch internationalen Beachtung dieses Denkmals ist es auch für die Kölner ein beliebter „neuer“ Ort für besondere Veranstaltungen.

Gerling Quartier

1919 – heute

Entwurf historisch: Bruno Paul (Flügelbauten), Helmut Hentrich/Hans Heuser (Hochhaus mit Seitenflügeln), Arno Breker (Gesamtleiter, Gereonshof („Ehrenhof"), Brunnen, Reliefs), Franz-Heinrich Sobotka/Gustav Müller (Rundbau)

Entwurf neu: Johannes Kisters (ksg-Architekten), HPP Hentrich-Petschnigg & Partner, Kahlfeldt Architekten, Petzinka Pink Architekten, steidle architekten

Der ehemalige Unternehmenssitz der Gerling-Versicherungsgruppe nahm 1919 mit dem Bezug des ehemaligen Palais Langen in der Von-Werth-Straße seinen Anfang. Durch Zukäufe und Neubauten bis hin zur Friesenstraße entwickelte sich über die Jahre ein eigenes, zusammenhängendes Stadtviertel. Der gesamte Gebäudekomplex gilt als eines der größten Baudenkmäler der alten Bundesrepublik und als Ikone der Wirtschaftswunderzeit. Mit seiner Monumentalarchitektur bildet das insgesamt 46.000 Quadratmeter große Muschelkalk-Ensemble einen Bürokomplex, der zu Hochzeiten des Versicherungskonzerns 5.000 Mitarbeitern Platz bot.

„Wenn ich nicht die Leitung des Konzerns hätte übernehmen müssen, wäre ich sicher Architekt geworden", äußerte Gründerenkel Hans Gerling einmal. 1945 begann er mit den Planungen für die Erweiterung des vom Vater übernommenen Komplexes. Helmut Hentrich und Hans Heuser entwarfen den Baukörper, der zum Wahrzeichen der Gerling-Zentrale wurde: den fünfzehnstöckigen „Turm" des Konzerns. Gerling ernannte später Arno Breker zum Gesamtleiter, entwarf mit ihm den fünfgeschossigen Trakt gegenüber dem Hochhaus und verwandelte den Gereonshof dazwischen in den sogenannten „Ehrenhof". 1966 erweiterte man nach Plänen von Franz-Heinrich Sobotka und Gustav Müller die Büroeinheiten um den sogenannten „Rundbau", der sich über einer kreisrunden Schalterhalle zum Klapperhof hin öffnet. Durch weitere Anbauten entstand in den 1970er-Jahren das Ensemble in seiner heutigen Grundgestalt.

In den 1970er-Jahren befand sich das Büro von Hans Gerling in der sogenannten „Globale", auf der Ecke Gereonshof (heute die Piazza) und Hildeboldplatz. Dieses Büro hatte dreifache Geschosshöhe und verfügte sowohl über ein Badezimmer als auch einen privaten Zugang. Die Fenster wurden, wie auch am sich darunter befindlichen „Venezianische Saal", mit schusssicherem Glas ausgerüstet, um seinerzeit gegen potenzielle Anschläge der RAF gerüstet zu sein.

Nach einer bis heute noch nicht final abgeschlossenen Revitalisierungsphase und unter strenger Beachtung des Denkmalschutzes beherbergt das teils durch Neubauten ergänzte heutige Gerling Quartier in der Hauptsache Eigentumswohnungen und Büroflächen.

ODENDAHL+FELDBUSCH

Hansahochhaus

1925

Entwurf: Jacob Koerfer

Das 65 Meter hohe, denkmalgeschützte Hansahochhaus war kurze Zeit das höchste Gebäude der Welt. Als weiteren Superlativ gab es im Inneren einen Paternoster, der mit 26 Kabinen für je zwei Personen seinerzeit der längste der Welt war. Rekordverdächtig war auch die Bauzeit des Hansahochhauses: 135 Arbeitstage netto, 15 Monate brutto. Von 1924 bis 1925 wurde das Bürogebäude im Stil des damals modernen „Klinkerexpressionismus“ vom Kölner Architekten und Geschäftsmann Jacob Koerfer errichtet.

Das im Äußeren schlichte, schlanke Gebäude mit angedeuteten Pfeilern, dreieckigen Fensterstürzen und Art déco-Schlusssteinen ist mit seiner reduzierten Erscheinung ein typischer Vorläufer der Bauhaus-Ära. Allerdings gab es zur Bauzeit mehr Dekor-Elemente als heute sichtbar. Über den Schaufenstern im Erdgeschoss waren Skulpturen von Tier- und Menschenköpfen angebracht sowie fünf Figuren als Allegorien für die fünf Kontinente.

SATURN
SATURN
azimut HOTEL
SATURN
SATURN
SATURN

Glaspalast, Flora
1864
Entwurf Glaspalast: Max Nohl, Joseph Felten
Entwurf Flora: Joseph Peter Lenné, Peter Esser

Der städtische Botanische Garten mit über 10.000 teils exotischen Pflanzenarten liegt direkt neben dem Zoo und lädt seit seiner Einweihung im Jahr 1864 zum Flanieren und Entspannen ein. Als „Gegengeschäft“ musste der alte Botanische Garten dem Hauptbahnhof weichen. Hauptbetreiber des Gartens waren Kölner Bürger, darunter Bankier und Gestütsbesitzer Eduard von Oppenheim, der sich schon für den Kölner Zoo einsetzte, und Museumsdirektor Adolph Rautenstrauch. Sie gründeten eine Aktiengesellschaft zur Anlage eines Botanischen Zier- und Lustgartens unter der Schirmherrschaft von Kaiserin Augusta.

Zur Ausgestaltung gewann die Flora AG den aus Bonn stammenden preußischen Gartenbaudirektor Joseph Peter Lenné, der den damaligen „gemischten deutschen Stil“ der Gartenbaukunst in einem historistischen Kontext abbilden wollte.

Kernstück der Anlage ist der Glaspalast, ein von Max Nohl entworfener Wintergarten, der sich deutlich an den damals revolutionären Eisen-/Glaskonstruktionen des Pariser Jardin d'Hiver und des Londoner Crystal Palace orientiert. Der Glaspalast verbindet Elemente der Neorenaissance mit denen des Romanischen Rundbogenstils. Das ebenfalls „Flora“ genannte Gebäude diente als Palmenhaus und wurde auch für festliche Bälle genutzt.

1906 wurden im Parkgelände mehrere von namhaften Architekten wie Peter Behrens entworfene Ausstellungsgebäude zur Verdeutlichung verschiedener Strömungen des Jugendstils als temporäre Gebäude errichtet (und 1907 wieder abgetragen). Auch andere Gebäude wurden wirtschafts- und kriegsbedingt im Laufe des 20. Jahrhunderts umgestaltet oder abgerissen. Der Frauenrosenhof etwa wurde im Stil eines Klosters aus dem 9. Jahrhundert nachempfunden und 1955 von Wilhelm Riphahn rekonstruiert. Im Zuge der Bundesgartenschau 1957 und später kamen jedoch zahlreiche neue botanische Abteilungen hinzu. Aus diesem Jahr stammt auch die Rheinseilbahn, die das Flora- und Zoogelände mit dem rechtsrheinischen Rheinpark verbindet. Seit 2008 existiert in der Flora zudem Deutschlands einzige Palmenallee.

Nach ihrer Renovierung wurde die Flora im Jahr 2014 zu ihrem 150. Jubiläum wieder eingeweiht.

2

2

Flora

Flora

Schaugewächshäuser am Botanischen Garten

1864

Entwurf: Peter-Joseph Lenné

1914

Entwurf: Dr. Peter Esser

2024

Geplante Eröffnung des Neubaus

Entwurf: Königs Architekten

Bereits 1864 öffnete der „Flora Garten" mit seinem zentral platzierten 18 Meter hohen Glaspalast und verschiedenen Schaunebengebäuden erstmalig seine Pforten. 1914 folgt angrenzend der „Neue Botanische Garten", der seit 1920 durch den damaligen Direktor Peter Esser die einmalige Verbindung eines Gartendenkmals und eines Botanischen Gartens mit Schauhäusern erfuhr. Nachdem diese Schauhäuser im Zweiten Weltkrieg untergingen, wurden 1955 neue errichtet, welche bis 2010, nach mehrfachen Sicherungs- und Ertüchtigungsmaßnahmen, geschlossen werden mussten.

Botanischer Garten und Flora gehören mit jährlich über 1,5 Millionen Besuchern zu den Top Ten der bundesdeutschen Gartenanlagen. Besondere Anziehung genießt hier das Tropen-Thema der Schauhäuser mit über 6.000 botanischen Schätzen. Neben Schönheit und Erholungswert vermittelt das Ensemble Bedeutung und Wert der Pflanzenwelt als biologisch wertvolle Ressource für Ernährung, Medizin und technische Anwendung.

Christuskirche

1894

Entwurf ursprüngliche Kirche, heutiges Turmgebäude: August Hartel, Skjøld Neckelmann

1951

Entwurf Nachkriegsanbauten: Büro Hesse und Schulze

2016

Entwurf Neubau: Arbeitsgemeinschaft Klaus Hollenbeck Architekten / MAIER ARCHITEKTEN

Die heute mehreren Neubauten angegliederte Christuskirche war die erste evangelische Kirche in Köln, die aus eigenen finanziellen Mitteln erbaut wurde. Im Zweiten Weltkrieg wurde die Kirche um den Turm herum weitgehend zerstört. 1951 ergänzte man daher die neugotischen Restbestände durch eine kühle, rationale Saalkirche im Stil der deutschen Reformarchitektur. Die „alte Dame" genannte Christuskirche bekam 2016 weiteren Zuwachs durch den Anbau zweier umstrittener, sie links und rechts flankierender Neubauten. Nachdem die Evangelische Kirche das Gelände verkauft hatte, wurden alle nicht unter Denkmalschutz stehenden Elemente, wie Kirchenschiff und Gemeinderaum, abgerissen. Weitere Bestandteile der Neubauten verteilen sich auf Wohnungen und Büros.

folgende Doppelseiten: >>

Spichernstraße

Die Spichernstraße, die ihren Namen nicht etwa altdeutschen „Speichern", sondern einer Schlacht gegen Napoleon 1871 im saarländischen Spichern verdankt, zeugt noch heute von zahlreichen neugotischen Häuserbeständen, wie sie in Köln vor dem Zweiten Weltkrieg im Stadtgebiet omnipräsent waren. Sie ist eine der seltenen, wenig zerbombten Straßenzüge im Innenstadtbereich. Zwischen „Altem Eichamt" und dem denkmalgeschützten Restaurant Stadtgarten befinden sich auf der Spichernstraße weitere 15 Wohn- und Geschäftshäuser, die unter Denkmalschutz stehen. Die meisten sind auch innen gut erhalten und zeichnen sich weitgehend durch spätgotische Zierelemente aus.

Einbahnstraße

Privatgrundstück!
P
Kunden
MANRES
MANRES

Magnus 31

2007

Entwurf: Wilkin & Hanrath Bauphasen

Entwurf Fassade: v-architekten

Ein Parkhaus der besonderen Art steht in der Kölner Magnusstraße: Die Lage des lange bestehenden Parkhauses in der Alten Wallgasse stellte eine ideale Einstellmöglichkeit auf der Verbindung von Friesenplatz und Hauptbahnhof/Dom dar, war aber gleichzeitig naturgemäß ein „schwarzes Schaf" in einem rundum recht veränderten, lebendigen Stadtteil Kölns. Während hinter und vor der Magnusstraße die Ehrenstraße und Friesenstraße von der Rotlicht- zur Einkaufs- und Ausgehmeile mutierten, wurde das über 50 Jahre alte Gebäude mit 450 Stellplätzen auf zweieinhalb Etagen um 150 Parkplätze reduziert, um auf drei Etagen 31 Eigentumswohnungen zwischen 69 und 170 Quadratmetern Wohnfläche zu bauen. Dabei verschwand vor allem die abweisende Fassade des Gebäudes zugunsten von markanten sandfarbenen Metallpaneelen, deren Metalloberfläche die Wohnanlage nach außen optisch vereinheitlicht.

CONTIPARK PARKHAUS AM FRIESENPLATZ

Kölnischer Kunstverein „Die Brücke“
1950
Entwurf: Wilhelm Riphahn

„Es macht den Engländern offensichtlich Freude, ihr Centre am Rande des pulsierenden Verkehrs zu sehen, mitten im alltäglichen Leben“, vermutete die „Deutsche Bauzeitschrift“ zur Einweihung der Kölner „Brücke“ 1954. Die Gebäude des British Information Centre (BIC), die aufgrund ihrer Beschaffenheit generell „Brücke“ genannt wurden, zählten im ersten Jahr ihres Bestehens 260.000 Besucher.

Für den Architekten Wilhelm Riphahn war bei dem geplanten Kultur- und Kinogebäude in der Tat die erklärte Maßgabe, einen symbolischen Ort des Dialoges in Köln zu schaffen, der der im wahrsten Sinne baulich am Boden liegenden Stadt neue Hoffnung geben sollte.

Riphahn plante die Hahnenstraße nach dem Vorbild der ersten Fußgängerzone Europas in Rotterdam als Flaniermeile mit dem britischen Kulturinstitut inklusive Kino und kulturellen Veranstaltungen als Höhepunkt. Als das British Council sich 2003 zurückzog, fand „Die Brücke“ mit dem renommierten Kölnischen Kunstverein einen würdigen Nachfolger.

übernächste Doppelseite: >>
Amerika Haus
1955
Entwurf Konzept Amerika Haus: Skidmore, Owings & Merrill (SOM)
Entwurf Gebäude Köln: Rudolf Schickmann

Das ehemalige Amerika Haus diente, wie auch seine 26 Geschwisterbauten in ganz Deutschland, der „Umerziehung“ der Nachkriegs-Deutschen durch Vermittlung der amerikanischen liberal-demokratischen Kultur. Federführend wirkte das Architekturbüro Skidmore, Owings & Merrill in Chicago, das seit Jahrzehnten zu den größten der Welt gehört. (Das bekannteste Projekt der jüngsten Zeit dürfte das New Yorker „One World Trade Center“ des SOM-Architekten David Childs sein.)

Die Amerika Häuser sollten repräsentativ für eine neue Epoche und symbolhaft für den Beginn einer neuen Ära in Deutschland stehen – so auch in Köln, wo Architekt Rudolf Schickmann Hand anlegte. Neben den großflächig verglasten Fassaden und der generellen Aufteilung der Gebäude in zwei mit einer Brücke verbundene Stahl-Glas-Kuben, passte Schickmann den Grundriss an die Tiefe des Grundstücks am Apostelnkloster an. 2007 wurde die beliebte weltläufige Kölner Institution als letztes Amerika Haus in Deutschland geschlossen und beherbergt heute die Fritz-Thyssen-Stiftung.

KÖLNISCHER KUNSTVEREIN
DIE BRÜCKE

AUSSTELLUNGSHALLE
WC
GARDEROBE

JAHRESGABEN 2016
RIPHAHNSAAL
BÜRO

Fritz Thyssen Stiftung

trinkt
Kölsch
GOLD

Kölsch
GOLD

< vorhergehende Doppelseite:

Er trinkt / Sie trinkt (Neonwerbung)

1968

Entwurf: Privat-Brauerei Heinrich Reissdorf, Köln

1968 ließ die Kölsch-Marke Reissdorf die Figur an einer Hauswand am Rudolfplatz anbringen, die den Kölnern schnell ans Herz wuchs. Die groß angelegte Neonwerbung zeigt im ständigen Wechsel eine Frau und einen Mann, die ein Glas zum Trinken anheben, worauf sich ihr Körper durch aufwärts aufleuchtende Leuchtlamellen angedeutet „auffüllt", flankiert von der ebenfalls wechselnden Aussage „Er trinkt / Sie trinkt Reissdorf Kölsch". Die Figur der Dame wird vor allem durch eine aufleuchtende Locke unterstrichen. Trotzdem ist die Reklame allgemein als „Reissdorf-Männchen" bekannt. Die Installation steht unter Denkmalschutz und wird regelmäßig gewartet.

Aachener Straße

Der Verlauf der schnurgerade Richtung Westen verlaufenden „Via Belgica" stammt noch aus römischer Zeit. Mit einer Länge von 8.726 Metern bis zur Stadtgrenze ist die Aachener Straße eine der längsten und verkehrsreichsten Straßen Kölns. Die bis 1852 „Aachener Chaussee" genannte Straße wurde im ersten Abschnitt am Rudolfplatz zwischen Brabanter Straße und Moltkestraße zunächst mit Privathäusern und Vorgärten angelegt. Diese Konzeption wurde jedoch für eine Planung als Geschäftsstraße zurückgenommen; daher zeigt sich der erste Abschnitt der Aachener Straße in besonderer Pracht, der zudem vor einigen Jahren zu einem beliebten Flanierboulevard ausgebaut wurde.

SCHMITZ
KÖLSCH
Schmitz
moxxa
THEATER IM BAUTURM
FREIES SCHAUSPIEL KÖLN
CIMBALI
jura
BONAMAT
MACCHIAVALLEY
BM PH 201

Café Central / Chelsea Hotel
1952
Entwurf EG/OG 1: Georg Hagedorn
ca. 1965
Entwurf OG 2-OG 4: Ferdi Dolfen
2000
Entwurf OG 5: Hartmut Gruhl

Dieses Gebäude am südlichen Rand des Belgischen Viertels ist repräsentativ für die Kölner Nachkriegsgeschichte. Auf einem Trümmergrundstück wurde Anfang der 1950er-Jahre eine Gaststätte mit acht Fremdenzimmern im Obergeschoss errichtet, später wurde es um drei weitere Etagen aufgestockt und zuletzt mit einem dekonstruktivistischen fünften Geschoss des Kölner Architekten Hartmut Gruhl bekrönt.

Seit 1984 bis heute ist das Café Central und das Hotel Chelsea ein von den Teilnehmern des Kulturbetriebes gern frequentierter Ort, insbesondere zu seinen Glanzzeiten in den 1980er- und 1990er-Jahren, als die Umgebung von einer Vielzahl international bekannter Galerien bestimmt war. Zu den wohl berühmtesten Gästen zählt der Künstler und zeitweilige Dauergast Martin Kippenberger, dem in der 5. Etage eine Suite gewidmet ist.

Central
HOTEL
Chelsea

< *vorhergehende Doppelseite:*

Museum für Ostasiatische Kunst

1977

Entwurf: Kunio Maekawa, Josef Frank (Innen)

Die hier beherbergte Sammlung fernöstlicher Kunst- und Kulturschätze geht auf das Vermächtnis des Ehepaars Adolf und Frieda Fischer zurück. Die 900 Exponate umfassende Sammlung wurde vor den großen Bombenangriffen auf Köln rechtzeitig in Sicherheit gebracht, hatte aber bis 1976 keinen festen Standort. Schließlich baute man am Aachener Weiher ein Museumsgebäude nach Entwürfen des Le Corbusier-Schülers Kunio Maekawa, der in Japan zu den wichtigsten Architekten der Nachkriegszeit gezählt wird. Weiter konnten japanische Künstler für die Gestaltung der Innenbereiche gewonnen werden. Der österreichisch-schwedische Architekt Josef Frank (Wiener Schule der Moderne), der auch in der Stuttgarter Weißenhofsiedlung mit einer Doppelhaushälfte präsent ist, übernahm die Innengestaltung. Für Köln stand das Ostasiatische Museum für einen Aufbruch in eine neue Zeit, dessen eklektische, nahezu aus dem Stadtgefüge ausgehebelte Architektur neuartig war.

Heliosturm

1882

Entwurf: unbekannt

Die einst dort ansässige Helios AG für elektrisches Licht und Telegraphenanlagenbau wurde 1904 von der AEG und Siemens übernommen, abgewickelt und schließlich 1930 ganz geschlossen. Das „Lampenhaus“ wurde 1996 mit einer an das Original angelehnten Eisen- und Glaskonstruktion wiederhergestellt und mit einer blendfreien Dauerbeleuchtung ausgerüstet. Über dem Sockelgebäude im historistischen Stil strahlt seit der Rekonstruktion 1990 der Leuchtturm erneut – mit einem schwachen Dauerlicht – über Ehrenfeld. Der 44 Meter hohe Turm und die ehemaligen Helioshallen gehören zu den am besten erhaltenen Industriedenkmälern der Stadt. In der Tat bestückte die Helios AG Leuchttürme zum Beispiel auf Borkum, Kampen oder Wangerooge und lieferte darüber hinaus auch die komplette Seesignaltechnik des Nord-Ostsee-Kanals.

Die Anekdote, der Kölner Leuchtturm solle eine Zeit lang auch den mehrere Kilometer entfernten Rheinschiffen als Orientierung gedient haben, ist allerdings eher dem Reich der Legenden zuzuordnen. Als Blickfang dient der Heliosturm, einst Wahrzeichen der prosperierenden Ehrenfelder Industrielandschaft, aber auch heute noch.

4711-Gebäude (heute Barthonia Forum)
1958
Entwurf: Wilhelm & Rudolf Koep

Die Ehrenfelder Firmengebäude der Kölner Parfüm- und Seifenfabrik des Herstellers Mühlens entstanden in den 1950er-Jahren, nachdem die alte Produktionsstätte im Zweiten Weltkrieg fast vollständig zerstört worden war. Besonders hervorstechend im 4711-Gesamtensemble ist das Lager- und Versandgebäude mit einem markanten Glasbaustein-Beton-Dach, welches sich im Inneren fortsetzt: Durch die runde Form des Gebäudes konnte die umlaufende Laderampe zur An- und Ablieferung der 4711-Erzeugnisse effektiv genutzt werden.

Nachdem die weltberühmte Marke neue Produktionsstätten bezog, wurde das zurückbleibende Firmengelände in Köln-Ehrenfeld einer kompletten Restaurierung zu einem Firmenpark unterschiedlichster Couleur unterzogen. Besonders markant an der Fassade des zur Venloer Straße angrenzenden Stahlskelettbaus sind bis heute die wesentlichen 4711-Farben Türkis und Gold. Das Fliesenband mit den typisch emaillierten Glasfassadenplatten weist sogar eine Rasterbreite von 47,11 Zentimetern auf.

< vorhergehende Doppelseite:

Zentralmoschee

2017

Entwurf: Paul Böhm, Semih Irteş (Innenraumgestaltung)

Ein Monument der besonderen Weltoffenheit des schon immer in hohem Maße multikulturell geprägten Kölns zeigt sich mit dem Bau der Zentralmoschee. Aus einem Architekturwettbewerb unter Teilnahme von 111 nationalen und internationalen Architekturbüros entschied sich die Jury in 2005 für den Entwurf des Architekturbüros Paul Böhm. Die Innenraumgestaltung wurde vom Künstler und Architekten Semih Irtes entwickelt. Das Gesamtprojekt gilt in seiner schlichten, aber insgesamt einprägsamen Formsprache der äußeren und inneren Gestaltung als Brückenschlag von der Tradition zur Moderne. Auch wenn der Bau zunächst viel diskutiert wurde, öffnet er viele Perspektiven und Zugänge, bildet eine Plattform für Dialoge und ist heute schon zu einem weiteren architektonisch wertvollen Teil des Kölner Stadtbildes geworden. Die Moschee ist immer für jeden Besucher zugänglich.

Butzweilerhof

1926

Entwurf Gesamtgelände: Fritz Schumacher

1936

Entwurf Hauptgebäude: Hans Mehrtens

Ossendorf, vor den Toren der Stadt, machte lange Zeit nur als Standort des Stadtgefängnisses von sich reden, bis dort der erste zivile Kölner Flughafen als „Kaiserliche Fliegerstation und Flugschule" in Betrieb genommen wurde, der spätere Flughafen Butzweilerhof. Schon davor diente das Areal unter anderem dem Flugpionier Jean Hugot für erste Flugversuche. 1913 wurde dann die militärisch genutzte „Fliegerstation Cölln Butzweilerhof" eingeweiht.

Nach seiner militärischen Nutzung im Ersten Weltkrieg und der darauffolgenden durch alliierte Besatzer ließ der dem Neuen Bauen nahestehende Architekt und Stadtplaner Fritz Schumacher den Flughafen erweitern. Unterstützt wurde er dabei vom damaligen Kölner Oberbürgermeister Konrad Adenauer. Der Hauptbau mit dem dominanten Empfangs- und Verwaltungstrakt, der Betriebshof, die Flugzeughalle 1 und der Luftaufsichtsturm bilden ein zusammenhängendes Gebäudeensemble. Details wie der symmetrische Verlauf der Fensterfronten, heller Außenputz, überkragende Dachränder mit Kassetten und Schattenleisten sowie die Ausbildung der Gesimse sind dem Bauhausstil verwandt.

1926, genau an Christi Himmelfahrt, wurde der Butzweilerhof auch für den zivilen Luftverkehr freigegeben. Die Lufthansa eröffnete den planmäßigen Flugverkehr mit der Strecke Berlin-Köln-Paris. Zusammen mit Berlin-Tempelhof war der Butzweilerhof damals die größte und ist bis heute neben diesem die einzig erhaltene deutsche Flughafenanlage der 1930er-Jahre. 1936 wurde das neue, repräsentative 250 Meter lange Flughafen Hauptgebäude nach einem Entwurf des Architekten Hans Mehrtens eröffnet, der eine schlichte, im Grunde moderne Gestaltung im Sinne des Neuen Bauens mit monumentalen Elementen kombinierte.

Nach der Einweihung des Flughafens Köln-Bonn verlor der Butzweilerhof seine Funktion als Kölner Passagierflughafen. Seine originalgetreue Restaurierung wurde 2007 abgeschlossen.

KÖLN

Pfeifen

1 Funkhaus am Raderberggürtel
Raderberggürtel 50 S. 9

2 Kranhäuser
Im Zollhafen 12 S. 10

3 Altes Hafenamt / Werthchen
Harry-Blum-Platz 2 S. 12

7 Tanzbrunnen
Rheinparkweg 1 S. 20

8 Park-Café im Rheinpark
Auenweg S. 23

9 Bastei
Konrad-Adenauer-Ufer 80 S. 24

12 Hauptbahnhof
Trankgasse 11 S. 32

13 Kurienhaus / Kösel am Dom
Roncalliplatz 2 S. 34

14 Gürzenich
Martinstraße 29-37 S. 37

14 Gürzenich
U-Bahn-Station Heumarkt S. 44

15 KOLUMBA / L.-Fritz-Gruber-Platz
Kolumbastraße 4 S. 47

16 Blau-Gold-Haus
Domkloster 2 S. 48

4 **Aurora-Mühle / Ellmühle**
Alfred-Schütte-Allee S. 14

5 **Lichtinstallation „SEE THINGS FROM THE OTHER SIDE“**
Alfred-Schütte-Allee S. 16

6 **Bahnhof Köln Messe / Deutz**
Ottoplatz S. 19

10 **EASA-Gebäude / ehemalige „Königliche Eisenbahndirektion Cöln“**
Konrad-Adenauer-Ufer 3 S. 26

10 **EASA-Gebäude / ehemalige „Königliche Eisenbahndirektion Cöln“**
Konrad-Adenauer-Ufer 3 S. 28 / 29

11 **Hohenzollernbrücke / Rheinboulevard Köln-Deutz**
Hohenzollernbrücke S. 30

14 **Gürzenich**
Martinstraße 29-37 S. 38

14 **Gürzenich**
Martinstraße 29-37 S. 40 / 41

14 **Gürzenich**
U-Bahn-Station Heumarkt S. 43

17 **Funkhaus am Wallrafplatz**
Wallrafplatz 5 S. 51

17 **Funkhaus am Wallrafplatz**
Wallrafplatz 5 S. 52

17 **Funkhaus am Wallrafplatz**
Wallrafplatz 5 S. 54

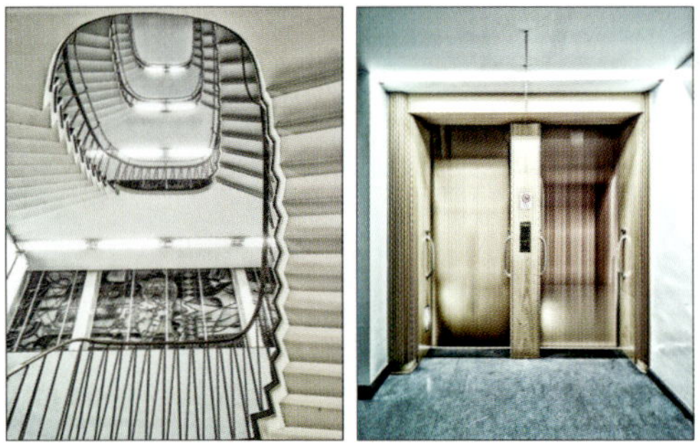

17 **Funkhaus am Wallrafplatz**
Wallrafplatz 5 — S. 56 / 57

18 **Museum für Angewandte Kunst (MAKK)**
An der Rechtschule — S. 59

18 **Museum für Angewandte Kunst (MAKK)**
An der Rechtschule — S. 60

21 **Haus Jabs / Dominium**
Tunisstraße 19-23 — S. 69

21 **Haus Jabs / Dominium**
Tunisstraße 19-23 — S. 70

22 **Haus Wefers**
Komödienstraße 97 — S. 73

24 **Weltstadthaus**
Schildergasse 65-67 — S. 81

25 **Dombaumeister-Haus / Römerturm**
Zeughausstraße 13 — S. 83

26 **Altes Stadtarchiv / The QVEST Hotel**
Gereonskloster 12 — S. 84

27 **Gerling Quartier**
Gereonshof 23-25 — S. 92 / 93

27 **Gerling Quartier**
Gereonshof 23-25 — S. 94

28 **Hansahochhaus**
Hansaring 97 — S. 96

19 **Haus der Wirtschaft / IHK-Gebäude**
Unter Sachsenhausen 10-26 (Börsenplatz) S. 62

19 **Haus der Wirtschaft / IHK-Gebäude**
Unter Sachsenhausen 10-26 (Börsenplatz) S. 64

20 **Verwaltungsgebäude (ehemals Bankhaus Herstatt)**
Unter Sachsenhausen 6 S. 66

23 **Oper / Schauspielhaus**
Offenbachplatz S. 75

23 **Oper / Schauspielhaus**
Offenbachplatz S. 76

23 **Oper / Schauspielhaus**
Offenbachplatz S. 78

26 **Altes Stadtarchiv / The QVEST Hotel**
Gereonskloster 12 S. 86 / 87

27 **Gerling Quartier**
Gereonshof 23-25 S. 89

27 **Gerling Quartier**
Gereonshof 23-25 S. 90

29 **Glaspalast, Flora**
Am Botanischen Garten 1a S. 99

29 **Glaspalast, Flora**
Am Botanischen Garten 1a S. 100

29 **Glaspalast, Flora**
Am Botanischen Garten 1a S. 102

29 **Glaspalast, Flora**
Am Botanischen Garten 1a S. 104

30 **Schaugewächshäuser am Botanischen Garten**
Am Botanischen Garten 1a S. 106

31 **Christuskirche**
Dorothee-Sölle-Platz 1 S. 109

34 **Kölnischer Kunstverein „Die Brücke“**
Hahnenstraße 6 S. 117

34 **Kölnischer Kunstverein „Die Brücke“**
Hahnenstraße 6 S. 118

35 **Amerika Haus**
Apostelnkloster 14-18 S. 120

39 **Museum für Ostasiatische Kunst**
Universitätsstraße 100 S. 128

40 **Heliosturm**
Heliosstraße 2 S. 131

41 **4711-Gebäude (heute Barthonia Forum)**
Vogelsanger Straße 78 S. 132

32 Spichernstraße
Göbenstraße 9 / Spichernstraße 38 S. 110 / 111

32 Spichernstraße
Spichernstraße 25 S. 112

33 Magnus 31
Magnusstraße 31 S. 114

36 Er trinkt / Sie trinkt (Neonwerbung)
Rudolfplatz S. 122 / 123

37 Aachener Straße
Aachener Straße S. 124

38 Café Central / Chelsea Hotel
Universitätsstraße 100 S. 127

42 Zentralmoschee
Vogelsanger Straße 78 S. 134

43 Butzweilerhof
Butzweilerstraße 35-39 S. 137

43 Butzweilerhof
Butzweilerstraße 35-39 S. 138

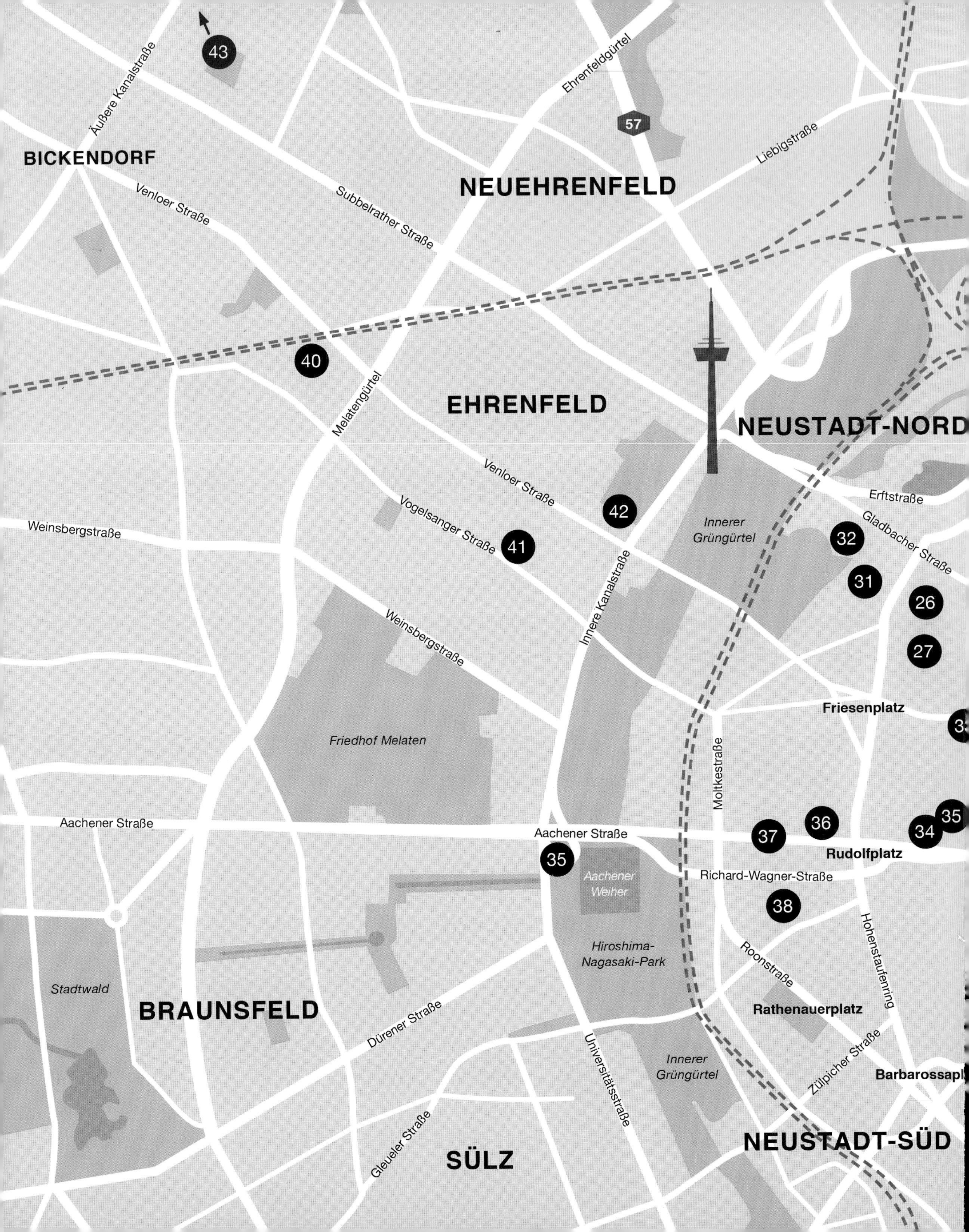
43
Äußere Kanalstraße
Ehrenfeldgürtel
57
Liebigstraße
BICKENDORF
NEUEHRENFELD
Venloer Straße
Subbelrather Straße
40
Melatengürtel
EHRENFELD
NEUSTADT-NORD
Venloer Straße
42
Erftstraße
Vogelsanger Straße
41
Innerer Grüngürtel
32
Gladbacher Straße
Weinsbergstraße
31
26
Innere Kanalstraße
Weinsbergstraße
27
Friesenplatz
Friedhof Melaten
Moltkestraße
36
35
Aachener Straße
Aachener Straße
37
34
Rudolfplatz
35
Aachener Weiher
Richard-Wagner-Straße
38
Hiroshima-Nagasaki-Park
Roonstraße
Hohenstaufenring
Stadtwald
BRAUNSFELD
Dürener Straße
Rathenauerplatz
Universitätsstraße
Innerer Grüngürtel
Zülpicher Straße
Gleueler Straße
SÜLZ
NEUSTADT-SÜD